CANÇÕES DE ATORMENTAR

ANGÉLICA FREITAS

canções de atormentar

2ª reimpressão

Copyright © 2020 by Angélica Freitas

Grafia atualizada segundo o Acordo Ortográfico da Língua Portuguesa de 1990, que entrou em vigor no Brasil em 2009.

Capa
Ale Kalko

Foto de capa
Mirror, de Camile Sproesser, 2019, óleo sobre linho, 76 cm × 60 cm. Coleção particular.

Preparação
Heloisa Jahn

Revisão
Angela das Neves
Isabel Cury

Dados Internacionais de Catalogação na Publicação (CIP)
(Câmara Brasileira do Livro, SP, Brasil)

Freitas, Angélica
 Canções de atormentar / Angélica Freitas. — 1ª ed. — São Paulo : Companhia das Letras, 2020.

 ISBN 978-85-359-3351-2

 1. Poesia brasileira I. Título.

20-34982   CDD-B869.1

Índice para catálogo sistemático:
1. Poesia : Literatura brasileira   B869.1

Cibele Maria Dias – Bibliotecária – CRB-8/9427

Todos os direitos desta edição reservados à
EDITORA SCHWARCZ S.A.
Rua Bandeira Paulista, 702, cj. 32
04532-002 — São Paulo — SP
Telefone: (11) 3707-3500
www.companhiadasletras.com.br
www.blogdacompanhia.com.br
facebook.com/companhiadasletras
instagram.com/companhiadasletras
twitter.com/cialetras

sumário

laranjal, 7
traíra, 14
abelhas, 20
porto alegre, 2016, 21
micro-ondas, 23
sentada no topo do mundo, 25
as roupas vêm da ásia, 27
entrei no grande magazine para comprar uma geladeira, 28
quem desenhou as ruas, 30
algum café em rosário, 31
madagascar, 33
uma história da sujeira, 34
chocolates para os tubarões, 35
us enimaos, 36
eu sou a garota mais doce ao sul do equador, 38
minha barbie falsificada, 39
aviões? estetoscópios?, 40
agora é que sou elas, 41
montada em seu primeiro, 42
três poetisas em forma de pera, 43
você não sabe o que é uma teta caída, 44
alegria é encher a tua casa de cabelos, 45
louisa, por que não me googlas?, 46
cruzeiro, 48
elefantinhos, 49

para as minhas calças, 51
queria morar em ouro preto, 53
mentiras, 55
jogos escolares, 59
equestre, 60
hora mágica, 61
tiros na sapateira, 62
V, 63
a proteção dos feios, 64
an introduction to mate, 67
a sônia, 69
quatro personagens em quatro desenhos
  de iberê camargo, 74
ana c., 76
le cahier du bois de pins, 78
um excelente negócio, 79
voltar para casa depois de horas na rua, em busca
  de uma experiência esplêndida, 81
love, this courage (colagem), 83
rômulo fróes toma uma decisão, 84
juçara marçal adota um gato, 86
agradecimentos, 88
a história mais velha do rock 'n' roll, 89
canções de atormentar, 97

nota e agradecimentos, 105

laranjal

não há laranjeiras aqui, não há
limoeiros no pátio: só o pé de araçá
que a minha avó plantou.
nós temos funcho e cidreira,
vão decantar
na velha garrafa térmica.
meu padrasto colhe um punhado
de ervas para o mate,
que fica mais
muito mais verde.
às vezes atravessa
a rua, traz capim
do mato vizinho,
diz que é quebra-pedra,
decerto pensa nos rins.
quando faz muito frio
minha mãe se queixa.
faz muito frio. é úmido.
a lagoa a uma quadra.

em 78 construíram a casa.
isso dava ao meu pai doze anos

para lavar o carro na rampa.
isso dava ao meu pai doze anos
para matar aranhas. quando
morreu meu pai sumiram
as aranhas. que se metiam
pelas persianas. o padrasto
e a cuia vieram muito depois.
não lembro do meu pai
tomando mate. lembro
do meu pai cozinhando,
a cozinha toda azul
incluindo frigidaire.
na janela a única
testemunha: um cacto.
um cacto mais velho que eu.
um pequeno cacto
num vaso de cerâmica
portuguesa.

a morte do sílvio,
ano passado.
o sílvio era meio velho,
caminhava todos os dias
sempre de sunga azul
marinho,
parecia o falcon.
pensava que o sílvio
ia durar cem
anos.

o sílvio, p.ex.,
frequentava a feira.
o sílvio, p.ex.,
tomava banho na lagoa.
mesmo quando
ninguém se arriscava,
mesmo quando estava
poluída e o jornal avisava.
sempre havia alguém
como o sílvio,
que se metia na lagoa.
no fundo eu sentia inveja
porque eles não tinham medo
de perebas
nem de cacos de vidro.

se tu vier me visitar
e sentar na grama com tua bicicleta
e as pernas abertas
que por favor teu saco não apareça.
é praia e todos se pelam
quando sai o sol.
difícil desviar o olhar,
mas agradeço o convite.
nem que me paguem
vou ao barro duro a pé,
pode me chamar
de velha coroca,

nem a pau
vou de bicicleta até a barra.

o cara do kung-fu lutava sozinho na areia da praia
na areia da praia chutava pulava saltava e vencia.
as mãos no peito feito um louva-a-deus.
um príncipe das artes marciais.
desapareceu.
hu. iá. hu.
iá. hu. iá.

foi na areia da praia, por pouco
não foi num sofá, ou na pista de dança
do laranjal praia clube:
eu tenho uma coisa pra te contar.
e contei. e ela me disse que já sabia.
e vomitou na areia. depois eu dizia
por aí
que ela tinha ficado nervosa.

uma vez por ano
o caminhão vem
oferecer o serviço.
um sistema de cloacas,
não há. quanta bosta
sob o luminoso alpendre.

sai da avenida de pedra,
entra numa rua dessas:
tapes, montenegro, bagé
afunda o pé no acelerador:
deve ser porque temos dezesseis
e somos duas garotas num fusca
não temos nada a ver com isso
que vá embora, por favor —
mas o cara no carro sorri
acelera, acelero: dois
faróis no lusco-fusco.
ele ganhou a corrida
ganhou o quê? nesta cidade se vai
ao prolongamento
p.ex.: "nem a pau vou no prolonga,
hoje vai dar polícia".
onde a pista de corrida municipal
se chama prolongamento
qual é a de um cara num passat
que nas ruas de barro da praia
ultrapassa qualquer fusca?

e teu padrasto banido de diversos armazéns:
ali não pode entrar. no outro, tampouco.
este inverno vamos comer couve. e arroz.
arroz com couve, que talento pode dar?
os mercados da praia que abrem
no inverno vendem latas de ervilhas,
purê de tomate, pão de fôrma.
naquele ali tampouco, não pode entrar.

não é porque o teu balneário
se chama santo antônio
que as figueiras centenárias
não terão barba-de-pau.
eu moro no valverde.
é o fim da civilização.
quer saber o que é úmido?
é banhado.
verde-mofo.
verde-cobra.
puro junco, aranha,
lagartixa, carro atolado.
quer saber o que é
o fim da civilização?

"isto aqui até parece uma praia"
me diz o rapaz que veio de são paulo
ao ver as figueiras, a lagoa, a areia grossa

não lhe guardo rancor

estes até parecem banhistas
isto aqui até parece uma avenida

camareu
olha o camareu

entre a barra
e o totó

tem barro duro
camareu

depois vem
o arroio sujo
camareu

se te arrasto
eu te vendo
camareu

é com casca
e descascado
camareu

tu descansa
no defeso
camareu

depois nós
te estropeia
camareu

melhor nós
que os catarina
camareu

é com casca
e descascado
camareu

traíra

1.

a ta ta ta a tatata traí
ata ta traí tatata
ata ta tra tra traí
traíra tata

por força de não saber
como os antigos aqui cantavam
inventei eu mesma um canto

para atrair a traíra
e também um canto
para deixá-la quieta

ata ta ta traí ra tra ta
a traíra tata a traí ra ira
ta tata ta ta
ta ta ta
        tut tut

2.

tra tra

meu avô
levou minha mãe
ao trapiche da lagoa
para mostrar
como se pegam os peixes

tra tra

com linha, com rede
com isca, paciência
com a mão
não

e olha que céu
que dia bonito
os biguás nos tocos

tra tra

a ilha da feitoria
os barcos
a salga

minha mãe tinha nove anos

3.

o primeiro peixe
do dia

tra tra

reluzente
na ponta da linha

uma traíra

que meu avô
atira nas
tábuas
do trapiche

tra tra

ela quer levá-la pra casa
e pôr num balde d'água

4.

ela pergunta: "posso pegar?"

ele responde: "pode"

ira ira ira ira ira ira

tra tra tra
    tut tut

5.

diz-se
de quem trai
traíra

peixe de água doce
de carne saborosa

6.

ira ira ira

sangue
por todos os lados

7.

com um pedaço
de trapo
se faz curativo

uma gaze suja
um retalho de blusa

"agora tu já sabe
que em traíra não
se toca"

8.

do ponto de vista
do meu avô
não foi
traição

do ponto de vista
da traíra
também não

meu pai só chegou
uma década depois
num barco de pesca

9.

ata ta ta traí ra tra ta
a traíra tata a traí ra ira
ta tata ta ta
ta ta ta

aquele dia no trapiche:

uma montanha
de poemas

eu vou
deixar a traíra quieta

10.

tut tut

abelhas

se este país
nos trata
mal
é porque
....
....

não adianta
nunca se viu
uma abelha
aposentada

mesmo a rainha
é mutilada
levada para longe
pelas operárias

porto alegre, 2016

quando você viu na tv
aquelas pessoas em fila na chuva
à noite numa estrada
na fronteira de um país que não as deseja

e quando você viu as bombas
caírem sobre cidades distantes
com aquelas casas e ruas
tão sujas e tão diferentes

e quando você viu a polícia
na praça do país estrangeiro
partir para cima dos manifestantes
com bombas de gás lacrimogêneo

não pensou duas vezes
nem trocou o canal
e foi pegar comida
na geladeira

não reparou o que vinha
que era só uma questão de tempo
não interpretou como sinal a notícia
não precisou estocar mantimentos

agora a colher cai da boca
e o barulho de bomba é ali fora
e a polícia vai pra cima dos teus afetos
munida de espadas, sobre cavalos

micro-ondas

explicar o brasil a um extraterrestre:
tua cara numa bandeira. conheceriam a líder
e acabariam contigo: parte suja
da conquista.
mas agora já foi, de outra maneira: vista aérea
da amazônia, vinte e tantas
hidrelétricas
pros teus ovos fritos no micro-ondas.
e acabariam contigo: parte certa
da conquista.
e se vieram mesmo
para conhecer as cataratas?
ou para aprender com a gente
o que são matas, pratas, democratas?
as naves cobrem o céu completamente.
todos os escritórios
e todas as lojas de comidas rápidas
decretam fim de expediente.
baratas e ratos
fugiram antes.
é natal, carnaval, páscoa
nossa senhora de aparecida e juízo final
ao mesmo tempo.

amantes se comem pela última vez.
caixas eletrônicos vomitam a seco.
o supermercado era um cemitério!
os shoppings, os engarrafamentos!
explicar o casamento igualitário
a uma iguana, explicar
alianças políticas a um gato, explicar
mudanças climáticas
a uma tartaruga no aquário.
já está. agora espera.
toma um activia.
mora na filosofia. imagina!
num país tropical. péssimo!
não rio mais. trágico!
piores que gafanhotos
suas maravilhas hidrelétricas
serão vistas, em chamas, de sirius:
"o meu país era uma pamonha
que um alienígena esfomeado
pôs no micro-ondas".
queime-se.
é um epitáfio possível.

sentada no topo do mundo
que saudade de você
ai   carmen miranda
que sabia assoviar
ai   que sabia sambar
ai   que sabia assoviar
oi
que sabia sambar

salte no globo comigo
vamos rever a aquarela do brasil
vamos metê-la num museu
vamos roubá-la do museu
vamos dar-lhe sumiço e esperar
pelo clamor popular

não nos apoquentamos
surfamos em saquarema
sacudimos os sambaquis
sincronizamos os sapotis
com as sucuris e os buritis
é bonito, é bonito
      e tomando água de coco
      é milhor

tome água de coco
mário de andrade
comigo
      aqui é puro pampa
      até o pescoço
por que ficar parada
por que viajar
diga ao povo que fico
      que sabia assoviar
heroico, mas que saco
barriga pra dentro
peito pra fora
um livro em cada sovaco

que saudades do brasil
      não
que saudades do brasil
      não
que saudades do brasil
      não

as roupas vêm da ásia

as calças são do camboja
a camisa, bangladesh
do nepal veio a jaqueta
os sapatos, da indonésia

o blusão é made in china
a jaqueta, paquistão
as meias são da tailândia
as bermudas, do japão

as roupas vêm da ásia
vêm da ásia nos vestir
transportadas em contêineres
desde a ásia pelo mar:

são milhares de milhas

nunca pus os pés na ásia
grata à indústria nacional
que me fez sentir o vento
num longínquo bambuzal

e as gotas de um rio sagrado
que começa nos himalaias

entrei no grande magazine para comprar uma geladeira
para comprar uma geladeira mas eu sou um esquimó
mas eu sou um esquimó não preciso de uma geladeira
não preciso de uma geladeira entrei no grande magazine

entrei no grande magazine e procurei aquecedores
e procurei aquecedores mas a quem eu enganava
mas a quem eu enganava quando soube o que queria
quando soube o que queria entrei no grande magazine

entrei no grande magazine mas que burro esquimó
mas que burro esquimó volte para o polo norte
volte para o polo norte não importa mesmo como
não importa mesmo como entrei no grande magazine

entrei no grande magazine o vendedor me olhou discreto
o vendedor me olhou discreto e disse sei do seu segredo
e disse sei do seu segredo mas não expliquei por quê
mas não expliquei por quê entrei no grande magazine

entrei no grande magazine para comprar uma geladeira
para comprar uma geladeira disse o vendedor eu sei
disse o vendedor eu sei porque um dia eu também
porque um dia eu também entrei no grande magazine

entrei no grande magazine e chorei feito uma ovelha
e chorei feito uma ovelha porque percebi meu erro
porque percebi meu erro ao lembrar de quando cedo
ao lembrar de quando cedo entrei no grande magazine

entrei no grande magazine e o vendedor me consolou
e o vendedor me consolou também sou um esquimó
também sou um esquimó eu amo muito geladeiras
eu amo muito geladeiras entrei no grande magazine

entrei no grande magazine saí do grande magazine
saí do grande magazine livre de mãos abanando
livre de mãos abanando e com grande alívio na mente
e com grande alívio na mente voltei para o polo norte

quem desenhou as ruas
pôs tijolo após tijolo, fez as casas
quem pôs as telhas, as cercas
as grades nas janelas

quem projetou os mapas
organizou as quadras, o tráfego
quem pôs carros sobre o asfalto
quem colocou os semáforos

quem está na rua a esta hora
quem circula pelo centro
quem está do lado de fora
quem está do lado de dentro

algum café em rosário

que bom
não querer nada
ficar sentada no café
e não querer outro café
nem mesmo água
e de repente
não querer escrever
nem ler
nada, nada
e sobretudo não querer
ir pra rua nem voltar pra casa
e muito menos
avisar alguém
do paradeiro
só ficar parada
no paradeiro
muito quieta
derrubando com as pálpebras
o sistema
(fala mais baixo
senão ele te ouve
e o garçom volta

com a conta)
capitalista
shhh capitalista

madagascar

mal sabia
que a letra O
era redonda

vivia numa ilha
cercada de água
de coco

sem planos
governamentais
sem uma panela

banheiro não havia

a moita onde defecava
era a verdadeira
parceria público-privada

dias e dias de papo pro ar
sol, maresia

subiu o nível do mar
será obrigado a
migrar

uma história da sujeira

naquela casa em que todos se lavavam
o lugar mais sujo era debaixo da ducha
todos se lavavam e deixavam ao lado
amarelos e marrons os seus dejetos

amavam nas camas e trocavam lençóis
o lugar mais sujo era a máquina de lavar
sentavam nas cadeiras com jeans limpos
o lugar mais sujo era o chão

há muitas pessoas e tantos odores
há muitos bichos e tantos fedores
o lugar mais sujo é onde dormem

há muitos países também
há muitos depósitos de lixo
há fábricas de alvejante e sabão

há coisas maravilhosas neste mundo
coisas limpas e coisas sujas
mas há muito mais coisas sujas
com moscas

chocolates para os tubarões
chicletes para os camarões
refrigerantes para as focas
salgadinhos para as orcas
picolés pras tartarugas
cereais para as belugas
tudo de bom pra você
num supermercado perto de você

geladeiras pros pinguins
xampu pros guaxinins
pentes para os leões
chapéus para os bisões
skates para as cobras
capacetes para as cabras
tudo de bom pra você
num supermercado perto de você

us enimaos

pera voronica stugger

devamos perecer ridéculos aos getos
parque nõo tamos tontos palos
parque nõo tamos tontos palos
samos brencos, nagros, omarelos
mas nõo tamos tontos palos
nõo, nõo tamos tontos palos

devamos perecer ridéculos aos petos
parque nõo tamos panas
parque nõo tamos panas
tamos casocos, jequetas, copas de cheva
mas nõo tamos panas
nõo, nõo tamos panas

devamos perecer ridéculos aos paixes
parque nõo tamos escemas
parque nõo tamos escemas
tamos reupa de naoprina, tibas de exagênea
mas nõo tamos escemas
nõo, nõo tamos escemas

par eso tolvaz nos vangamos
par esa felta fetal qua safremos

a matemos getos, pésseros, paixes
a comamos paixes, pésseros, oté getos
fretos, assedos, em paletos

eu sou a garota mais doce ao sul do equador
o garoto mais quente que conheço
eu sou eu sinto que sou
eu mesmo

eu sou a garota fugaz da minha rua em flor
o garoto que rouba as flores das casas
eu sou sobretudo eu sou
eu mesma

eu sou a garota mais valente ao seu dispor
o garoto mais engraçado que conheço
eu sou eu sinto que sou
eu mesmo

minha barbie falsificada
não há nada
sob a tua saia

minha florence nightingale
playmobil
falsificada

só me fazes mal

aviões? estetoscópios?
duas garotas se beijando?
ou melhor: três?
melhor pra quem?
o que mais tem lá?
coelhos? camelos?
coelhos?
coelhos?
onde você esconde?
o que mais tem lá?
aviões? estetoscópios?
massinha de modelar?
duas garotas se beijando?
ou melhor: três?
melhor pra quem?
eu quero ir aonde
você esconde
o próximo poema.

agora é que sou elas
de dia é maria
de noite
é a quem convém

o apêndice
suspenso
no jardim

seis cães nas virilhas
ela atiça a matilha
e joga

confortável pélvis
de estreia

e colinas vivas
com o som da música

não pensa agora
como foi viver sem ela:

joga com a portadora

montada em seu primeiro
pentelho branco
decidida a salvar
o dragão
da própria chama
chamuscou
o pelo da donzela

foi só um susto
espera a poeira
assentar
mas se arranca
o primeiro
vêm sete
em seu lugar

atreve-te, ó
arranca o pelo

três poetisas em forma de pera

daqui pra minha cama é um pulo
da minha cama pra tua é um pulo
da tua cama pra dela é um pulo
um pulo um pulo e meio um grande pulo

podíamos viver assim, a saltar
da rua pra cama e saber
tomar impulso e cair
sobre os dois pés e viver

pulando pulando pulando
ignorando avisos de apertar os cintos
indo ao posto de saúde
uma vez por mês

você não sabe o que é uma teta caída

uma teta de mulher, uma teta
que desceu do pedestal
o conteúdo macio, a pele fina
o zigue-zague das estrias, não:
nunca tocou numa teta caída
não sabe o calor das tetas de outono
não as viu por baixo, balançando
nunca pensou em dormir abraçado.

para fabrício corsaletti

alegria é encher a tua casa de cabelos
olhar pro chão e lá estão
curtos, quando vou melhor
longos, quando a sucessão dos dias
me impede os cortes
esta manhã olhei pro piso claro
do teu banheiro
e vi uma trilha de cabelos
(pretos, curtos) pensei
mas quando foi que perdi tantos
(se à noite havia juntado uns quantos
com papel higiênico)?
talvez os tenha perdido
enquanto recolhia os outros
talvez eu reponha a presença
por meio dos fios
estar aqui e largar pelo
feito um cachorro
estar aqui contigo

louisa, por que não me googlas?

louisa, fevereiro de 91
em dublin, lembra de mim?
quatro anos de cartas e
cheguei à tua família, que me
tratou como filha, me entupiu
de comida. passeando
nos ônibus verde-ervilha,
como éramos saltitantes.
você gostava dos beatles, eu
gostava dos beatles. você
gostava de pizza, eu
gostava de pizza.
"e a sinéad o'connor
é uma gênia!", eu bradava
aos passantes.
você discordou, séria.
eu calei, não queria agravantes.
foi porque a cantora careca
rasgou a foto do papa?
você era assim tão católica?
mas isso ocorreu antes.
louisa, ainda tenho as cartas,
a fita das bananarama

toda enredada. louisa,
por que não me googlas?

cruzeiro

mal não faz cair n'água disse o almirante em sunga
de combate

vamos

queria ser como ele mas não posso
para a frente e para baixo, suando suave nas
manhãs atlânticas
sambando secretamente sob as escotilhas
mas de repente me vejo de maiô duas-peças sobre o
convés

palmas

ana maria saiu da cabine e a embarcação simula
estabilidade
tropeço é um vocábulo que contém o movimento
de quem se projeta ao solo por si mesma

palavra que sinto os pés sobre a língua
aquosa na superfície lisa destes pés de pato

elefantinhos

dois elefantinhos rosa
de trombas enlaçadas
rebolam no picadeiro
têm tiaras na cabeça
sorriem feito golfinhos.
o elefantinho da esquerda diz:
viemos cantar uma canção.
o recinto escurece
um canhão de luz azul
no centro do toldo
ilumina os dois elefantinhos
agora com as trombas livres
porém unidos pelos rabinhos.
a canção é triste
evoca a infância
dos elefantinhos que alguma vez
correram felizes na savana.
você chora baixinho
eu te estendo um lenço
mudo de ideia
te ofereço a mão.
comovida, você assoa o nariz
na manga da minha blusa.

aí eu é que choro.
uma lágrima grossa e quente
cai na minha bota, escorre
e deixa um rastro brilhante
até a serragem.

para as minhas calças

queridas calças, agora
rasgadas nas coxas
(dois rasgos horizontais
do uso intenso)
creio não mais precisar
de seus serviços, portanto
aposento-as, e agradeço.
mas não sem antes cantar
a alegria que foi andar
por vocês vestida
e a sorte de não precisar
usar vestidos.
com vocês passeei
por lisboa, madri
e paris; sentei-me
nos jardins do palácio
em fontainebleau.
o pano macio
e generoso, que suportou
meu aumento de peso,
esgarçou um pouco
no início, mas só
em dois anos cedeu.

o corte me permitiu
fazer poses de balé
nos jardins do palácio.
a cor, entre o verde
e o marrom,
disfarçava sujeiras.
em seus bolsos
guardei poemas,
listas de supermercado,
tickets do metrô.
perfeitas para
pernas e passeios,
descansem.
tive outras calças,
mas vocês foram
as preferidas.
queridos sapatos,
caso leiam esta elegia:

queria morar em ouro preto

mas tinha que ser à la séc. xix
mijar em penicos de louça
comer cocadas quentinhas
catar feijão no alpendre
vestir algo branco e fofo
ser uma rapariga moderna
porque tem uma bicicleta
uma bicicleta de louça

as ruas de pedra conheceriam o meu ardor
escreveria poemas nos miradores
"meu tataravô era pobre
sim mas era um ícone da inconfidência"
mudaria meu nome para incentivar
as artes detetivescas

compraria uma casa velha e a chamaria
casa abobrina
convidaria amigas americanas
que me escreviam cartas
e viviam em trêileres
e assaltavam 7 elevens
para me visitar

mas lá não importava
éramos todas fugitivas
mas lá não importava

"daisy oh daisy como era o nome
daquele bastardo
que você sustentava
era john ou era camilo?"

daisy deitada
sobre uma cocada
sorrindo chapa e palato
diria: era lombardo
morreu todo cagado
de medo da polícia

riríamos feito convenção das bruxas

mentiras

o camarão queria aprender a sambar
no fundo do mar

mentira

ele só queria escapar
das redes de pesca

ora, nem pensava
numa coisa dessas
sambar

talvez por isso
acabou frito
petisco no palito

mentira

*

fundomar era um menino
que nasceu na praia

mentira

o nome dele era omar
mas ele nasceu na praia mesmo

é que havia uma enorme
refinaria de petróleo
bloqueando o acesso à água
então não era bem um balneário

mas os cidadãos não se importavam
por causa dos grandes benefícios econômicos
trazidos à cidade

mentira

*

olívia era faixa preta de karatê
aos oito anos de idade

arrã

o.k., mas ela precisava se defender
de umas garotas malvadas
que roubavam o seu lanche
e a sua paz de espírito

olivinha realmente queria
ser faixa preta de karatê
e dar uma lição nessas colegas

"como foi a escola hoje, olívia?"
"ah, tudo bem, mãe", ela dizia

mas era mentira

*

grubs era um pacote de salgadinho
composto de gorduras hidrogenadas
e milho transgênico
muito nutritivo

tsc tsc

a propaganda mostrava um milharal
e uma família feliz na colheita
mas isso não correspondia à realidade

o milho era arrancado
por uma colheitadeira industrial
mas pelo menos o seu operador
ganhava um belo salário

mentira

grubs era um salgadinho
composto de gordura e milho transgênico
entupido de sal
e só

*

andreia tinha dez anos
uma boneca de porcelana chinesa
e vivia em manhattan

bem, na real eu não conheço nenhuma andreia
que tenha dez anos, uma boneca de porcelana chinesa
e viva em nova york

isso não quer dizer que não exista
uma andreia dona de boneca chinesa em nova york
mas ela pode ter quarenta anos, sei lá
e morar no brooklyn

mas essa andreia
lá do começo
com certeza
é de mentira

jogos escolares

desde as nove da manhã
o time amarelo enfrenta o time vermelho.
no teu tempo isso era educação física,
podia ser também recreio.
o telefone ainda não tocou,
tudo na mesma, nenhum e-mail.
a gritaria pela janela da cozinha
informa a vitória do time amarelo.
depois a casa se enche de silêncio.
e você sente pena do time vermelho,
mas é só mais tarde, depois do almoço,
que se compadece também do amarelo.

equestre

no parque, sob uma luz chumbo
coada por nuvens espessas
estamos sentados nos bancos
em frente ao campo de equitação vazio.
atestamos a areia grossa
e alguma bosta úmida. nenhum animal à vista.
observamos a cancha,
os velhos que não temos celulares.

hora mágica

a esta altura da manhã
em que o parque é povoado
por velhos e bebês de colo
o relógio digital do poste
nunca informa o horário certo

tiros na sapateira

vittorio sapattone comprou uma arma
               e serrou o cano
voltou para casa e deu três tiros
               na sapateira
acertou um sapato bicolor
               e duas pantufas
seu horror a sapatos
               ocupa os jornais
foi preso e levado pelos pés
               sapattone jura se vingar
jogar bombas em franca, sp

∀

tango
para três
cão individual

frango
para quatro
pólis individual

nave
para cinco
chuva individual

plateia
para seis
porta individual

a proteção dos feios

no concílio os bispos piscam
e decidem no par ou ímpar

o santo que protege o feio
de si mesmo

o santo que protege o feio
dos vizinhos

o santo que os persegue
disparando raios

*

se falta uma perna
ainda assim
lhe resta a outra
e a outra
e mais uma

há estátuas mutiladas
nos museus
ela diz

e coça o joelho

*

se falta um olho
ainda assim lhe resta
o terceiro

há estátuas
de olhos vazados
nos museus
ela diz

e continua
comprando
colírio

*

a santa é feia
troca por outra

é preciso rezar
a uma santa

de nada ajuda
se ela não inspira

esse nariz grosso

de quem é esse
narizinho?

*

santa feia
rezo a vós

no topo da igreja
um anjo sois

de botas ortopédicas
e esparadrapo
no nariz

a santa diz:

*

me caem penas
das asas
é o convívio
com as pombas

as pombas me chamam
pé de chumbo
por que não migro
é um mistério

an introduction to mate

see this green tea here?
the erva?
it goes in here, yes,
this is called cuia.
there! not too much
about three quarters
will do
cover the cuia with
your hand and shake it
up and down.
perfect.
this green powder on
your palm, just blow it off.
it is best if the erva
makes a little slope
say, 45 degrees.
now we pour some
warm water in it
let it brew for a bit
then put the bomba in
yes, the straw.
and it's good to drink.
pour some hot water in

and drink it.
now, they say you have
to be born here to like it
(too strong for you,
really?)
you can pretend you have
been born here but you
can't pretend you like it
sure, i'm talking about
the mate.

a sônia

a partir de uma série de fotos de claudia andujar

nada de errado

esses peitos
esses braços

se alguém quiser saber
barriga, costelas, umbigo

quisemos
tudo

*

querer as pernas
de outra mulher

para depois do amor
ser quadrúpede

alguns dirão
era só
o que nos faltava

*

o que estarás
pensando, azul

de olhos fechados
o que acontece
dentro dessa cabeça

por favor me diz
que pensavas
em coisas banais

(bananas, arraias,
coqueiros, praias)

menos em dinheiro

*

diante de ti
reclinada assim
nua

um homem saberia
exatamente o que fazer

e por isso mesmo
erraria

eles erraram

*

amada
vacinada

*

tomaste um líquido
que te deixou assim
acesa quando tudo
se apaga

esta manhã
estiveste na praia?
estás mais loira
do que a lua

*

me deixa por um momento
pensar que esses cabelos
são nuvens

e que deixaste de pensar
porque estás
nas nuvens

*

uma boca se oferece
quantas vezes?
mais uma vez, uma última vez
e desta vez, a outra mulher

*

quantas vezes pode
uma mulher deixar
a casa

e o trabalho virar corpo
e o corpo virar casa

e entender que volta
não existe

*

sônia, escutas?
de olhos fechados

sintonizas
a rádio tosca

transmitindo
entre ouvidos?

por que foste
querer isto

onde estavas
com a cabeça?

*

alguém um dia
te disse
tu és tão bonita
ou tu te olhaste
no espelho
e pensaste
sou tão bonita

que triste ser bonita
ser bonita o suficiente
ser bonita

quatro personagens em quatro desenhos de iberê camargo

1. eu gosto de sentar aqui, de pegar um sol. tenho uma bicicleta e uma bateria. mas ando encantado por esse totem de carretéis que alguém — quem foi? — trouxe e pôs em cima da minha mesa.

2. passo os dias a ajeitar os enfeites em cima da mesa, agora que vendi a bicicleta e só me resta a mesa nesta casa. devo tentar combinar, na sequência, uma xícara e uns óculos maneiros que encontrei esses dias.

3. eu sou gorda e ela é magra, ela está de pé e eu estou sentada, entre nós existe uma bicicleta inflável que ela não pode pilotar, porque não se move, e eu não poderei pilotar, por sobrepeso.

4. aguardo minha vez para andar de bicicleta. cachorros me fazem companhia. porque não pretendem andar de bicicleta.

quatro modelos em quatro desenhos de iberê camargo

1. tá bom o jeito que eu seguro a bicicleta?
2. e assim tá bom, de perna cruzada?
3. acho que assim é melhor, com a bici mais perto.
4. até gosto de posar pelada!

um personagem numa pintura de iberê camargo

eu posso estar fingindo de morto
não sei, aqui deitado no chão
posso estar para morrer
como um bicho que procura
um lugar calmo para a passagem
ou eu posso ainda estar
escutando o tropel dos cavalos dos índios
vindo para atacar e dizimar
a aldeia.
estou nu e tenho uma bicicleta.

ana c.

ana c. me salvou de ser técnica em eletrônica
aos dezesseis
quando entrou de vermelho
em minha vida
e me deixou
aos seus pés

não tive escolha
foi um baita clarão
soco na goela seguido
de cisco no olho

quem é ela
o que é isto
quem sou eu

em 1989 a gente não tinha google
as bibliotecas eram enxames pré-vestibulares

saber de ana c. e em seguida
de seu suicídio
fez de mim uma das mais jovens
viúvas de ana c.

eu me perguntava
mas por quê por quê por quê
você foi se matar
como se uma guria toda errada
míope descabelada
no fim do fundo do país
fosse fazer qualquer diferença
em sua vida ou anseio de continuidade

mas foi assim que aconteceu em 89
e eu larguei os estudos de eletrônica
porque até ana c. eu não sabia que se podia
escrever assim e eu queria escrever —

até hoje nós viúvas jovens e nem tanto de ana c.
sóbrias ou já meio loucas estamos procurando
uma noite de amor nas linhas de seus poemas

rezando para que saia enfim a tal biografia
que nos conte o que mais houve
para darmos visões novas ao nosso amor
e novos cenários para o nosso tesão

torcendo para saber que outras bocas ela beijava
porque afinal é sempre a nossa

e afinal são as nossas mãos que ela pega
até hoje quando escrevemos um verso, pelo amor —

le cahier du bois de pins

adoramos a história do ponge
escrevendo no bosque
rabiscando num caderno
seu único estoque de papel

adoramos as descrições da madeira
e os poemas que delas vieram
adoramos como afirma
ter falhado em seus escritos

um pequeno caderno, um bosque
uma economia de guerra, um poeta
a madeira crescendo lentamente
o fracasso do poema e do poeta

e ainda hoje um pinhal
em seu lento striptease
são coisas que fazem
bem ao nosso fígado

um excelente negócio

"ya leíste a carver?", ela me pergunta,
e puxa da estante um volume fino,
capa azul-marinho.

"hay que leer a carver", eu abro o livro,
tomo um mate. estou de jaqueta
e cachecol dentro de casa,
pareço um boneco de neve.

fizeram a tradução com amigos,
depois fotocópias e, num fim de semana,
neste apartamento, montaram a edição trucha

vendida a dez pesos argentinos em 2006.

"tenés hambre? podemos hacer una pasta."

eu assinto com a cabeça. largo o livro
e descemos para o mercado,
compramos espaguete e tomates.

passo a tarde inteira de estômago cheio,
faço um café e termino o livro.

quando anoitece, ponho um gorro
e vou a pé até a praça no centro da cidade.

meus sapatos não me protegem do frio.

a praça está vazia salvo por alguns cachorros.

voltar para casa depois de horas na rua, em busca
de uma experiência esplêndida
inchando com ar o tórax, voraz com o ar no tórax,
vivendo o momento
com as solas bem sujas no solo, com as solas bem
pegadas ao pavimento
aleluia, porque eles querem minha cabeça baixa,
me querem
comprando num shopping
procurando as últimas revistas

quem poderia caminhar assim na rua tão solta
com a cabeça cheia de zorrilhos

sentir a chuva no encalço
os pulmões cheios
querendo somente uma experiência esplêndida,
voltar com ela pra casa
escrever um poema

escrever
escrever

escrever o quê, com a cabeça cheia de cenouras
de ceroulas de senhoras de cebolas de centímetros
de drummond

*

virar a chave na porta, deixar em cima da mesa
como três patos mortos a ideia do poema
repetir quantas vezes necessário
voltar pra rua até que aprenda

love, this courage (colagem)

During a drunken argument in Brussels, Verlaine shot at Rimbaud, hitting him once in the wrist. On July 10 1875, in a drunken quarrel in Brussels, Verlaine shot Rimbaud in the wrist, and was imprisoned for two years at Mons. Together again in Brussels in the summer of that year, Verlaine shot Rimbaud in the wrist following a drunken argument. Verlaine, drunk and desolate, shot Rimbaud in the wrist with a 7 mm pistol after a quarrel. At one point the tension between them became so great that Verlaine shot Rimbaud in the wrist. About 2 o'clock, when M. Paul Verlaine, in his mother's bedroom, fired a shot of revolver. The subject of various books, films, and curiosities, ended July 12, 1873 when a drunken Verlaine shot at Rimbaud and injured him in the wrist. Verlaine shot Rimbaud in a fit of drunken jealousy.

rômulo fróes toma uma decisão

para ir da tua cama à padaria
precisas vestir roupas de frio.
é inverno. descer a rua e, pela calçada
(somente pela calçada), caminhar
até o teu destino. talvez a padaria
seja mesmo o teu destino.
a mão no bolso constata a carteira,
é melhor levar dinheiro,
sem dinheiro nada feito,
fiado só no dia de são nunca,
e com isso tu concordas.
mas ao chegar na esquina,
confluência da tua rua com a da padaria,
precisas parar por tempo indeterminado,
pois são dois sinais de trânsito.
carro sobe e carro desce.
e ao observar essas armaduras
metálicas que os teus semelhantes trajam,
não te deixando atravessar,
não deixando a senhora de calça de moletom rosa
e seus cachorros atravessarem,
nem o homem resignado, todo de cinza,
ao celular, do outro lado da rua,

que provavelmente acabou de sair
da padaria hipotética, destino agora distante,
ao observar quaisquer-uns ao volante
(teus assassinos em potencial),
que não dão nenhuma passagem
(a não ser desta vida para outra),
decides viver numa árvore.
qual árvore? foda-se, qualquer árvore.
uma que seja bem robusta.
onde vais encontrá-la?
no parque buenos aires.
e se as autoridades vierem te procurar?
que venham.
o homem ao celular afinal atravessa a rua
antes de ti, sem tirar os olhos do aparelho.
a senhora de calça de moletom rosa
junta o cocô fresco de um dos cachorros.

juçara marçal adota um gato

juçara adotou um gato
ou bem, o gato adotou juçara
foi numa feira livre
juçara jura que foi lá
pra comprar acelga
mas viu o gato numa jaulinha
miava fininho, tinha ramela no olho
juçara se agachou
o gatinho olhou pra ela
abriu a boquinha trêmula
e falou: "miiiiiiiiiiiiiiiiiiiiiiiiiii!"
juçara, sem pensar muito
abriu a boca também
e falou: "miiiiiiiiiiiiiiiiiiiiiiiiiii!"
o bichano respondeu
juçara replicou
o gatinho
juçara
daí a moça do pet adoção solidária
abriu a boca e falou:
"leva ele, moça, acho que gostou de você"
juçara disse: "é, gostei dele também
mas sou de alfa centauro

vim só passar o fim de semana em são paulo.
já tentei levar um periquito e um poodle
nenhum resistiu à viagem. infelizmente".
a moça do pet adoção solidária
disse: "a senhora tá brincando, né?"
e juçara disse: "tô"
e o gatinho disse: "mi"
"leva o gatinho então, moça."
e juçara levou.

agradecimentos

a paulo, mônica, roberto
dos anos 70, 80, 90, respectivamente
rosana, robson, carla e carlos
da farmácia, sorveteria, agência lotérica
e chaveiro carlos 24 horas, respectivamente
luiza, marja riita, dorinha, inês
de brasília, da finlândia, de pelotas,
de lisboa, respectivamente
hugo, carlos, andré, andrei, paula
da embaixada, galeria, editora,
da escola, da escola, respectivamente
alexandra, peter, james
do jornal, do inglês, do inglês
respectivamente
priscila, camila, gertrude
da boate, dos correios, da literatura
respectivamente
marcelo, marcelo, marcelo
janaína, angelita, fabrício, bruna
vítor, juliana, da universidade, da universidade,
da universidade, da universidade,
da universidade, da poesia, da poesia
da música, da música, respectivamente

a história mais velha do rock 'n' roll

a poetisa é legal
o que ela escreve não faz mal

a poetisa tem um blog
onde ela posta canções de rock

a poetisa lançou um livro
"o escaravelho do descalabro"

ela escreveu ajoelhada no milho
a poetisa é boa pra caralho

*

1

a poetisa gosta de pizza
acha a pizza democrática

a poetisa nunca foi à itália
mas tem souvenir da torre de pisa

é aquele preciso tijolo
cuja ausência a deixa inclinada

quem, a torre de pisa ou a poetisa?

2

"cara, cês não entendem nada"
disse a poetisa irada

"o melhor leitor que existe
é o leitor de códigos de barras"

"vão ler uns códigos de barras!"

a poetisa lê patti smith e os beats
a poetisa fica puta da cara

*

uma poetisa by any other name?
é poetisa o que você quer

substantivo feminino
não se engane: é mulher

que é um s.f.
que rima com outro s.f.: colher

e forçando um pouco a barra
com um v.t.d.: colher

vai dizer que colher s.f.
podia ser outra coisa que não s.f.?

e forçando um pouco a barra
quem ficava pra colher?

"boa tarde, o poeta está?"
"não, saiu pra caçar.

se não for comido por um tigre
em breve voltará."

uma poetisa by any other name?

*

1

a poetisa está numa boa
em casa ouvindo leonard cohen

ela pega o caderno e decide
escrever como se fosse o leonard cohen

para, fuma, pensa um pouco
mas em português eles não saem

os poemas do leonard cohen
"por que será?", ela indaga

"a dúvida é uma adaga que fura
o olho cego do pássaro louco"

"mas isso aí funciona?
não será neobarroco?

socorro."

2

a poetisa está numa boa
em casa ouvindo leonard cohen

ela pega o caderno e decide
escrever como se fosse

ela mesma o leonard cohen
mas os poemas não saem

nem com cigarro, blue raincoat
ou reza forte

levanta, acende um incenso
senta de novo, faz uma pose

"ainda vou me hospedar no chelsea
mais tardar, 2012"

mas falta tinta na caneta
e depois toca o telefone

"a poetisa está?"
daí é adeus, marianne

*

homenagem à poetisa*

poeta, não:
poetisa
que bonita a poetisa
é uma sacerdotisa

a ela, os sabonetes
os perfumes, as loções
a ela, todas as flores
todas as menções

que bonita a poetisa
ela sabe onde pisa

nenhuma banquisa
por mais fina que seja
se rompe sob seus pés

* a poetisa não gostou.

*

percalços da poetisa

a poetisa chega à alfândega e o funcionário da polícia federal logo desconfia. pede-lhe que abra as palavras. "isso pode demorar", pensa a poetisa. as palavras estão carregadas de significado até o máximo grau possível. o funcionário pergunta-lhe se ela sabe quanto significado pode trazer nas palavras. a poetisa diz que sim. o funcionário da polícia federal balança a cabeça e diz que infelizmente vai ter de registrar a infração.

*

um poema de "o escaravelho do descalabro", gentilmente cedido pela poetisa

os poetas não me leem não quem me lê
são os passarinhos e as florzinhas nos campos
que me leem sim e os peixinhos no riacho
ai sim e os peixinhos no riacho que contam
para os caramujos que boa poetisa eu sou
ai sim e os caramujos que entram
na tubulação e anunciam minha glória
na cloaca municipal
ai sim quem me lê são os bichinhos
são os paramécios são os e. coli
e os seus semelhantes

*

3 x 2 x 1

a poetisa gostava muito da história
do velho, do menino e do burro

ou seria mais certo dizer a história
do menino, do burro e do velho
ou ainda aquela antiga história
do burro, do velho e do menino
mas parecia que era realmente
do burro, do menino e do velho
poderia ser também, quem sabe
do menino, do velho e do burro
e para não ferir sensibilidades
do velho, do burro e do menino
gostava, não gosta mais
porque lembra dos rapapés
e com-licenças de seu país
"o leitor será carregado no alto
onde pensa que habita
e depois atirado na lama
para pensar como um poeta"

ou uma poetisa, no caso

*

perguntada sobre a relação com os leitores, a poetisa
disse: "volto pra casa sozinha, mais que o cesariny,
mas volto sempre pra casa, porque sei onde fica.
eu tenho uma casa, é minha e não é minha.
e nem de casa se trata. a chave extra
penduro no pescoço do meu gato mais arisco".
perguntada sobre a revista que editou com amigos
e que afundou porque não flutuava, a poetisa

falou: "mas é a história mais velha do rock 'n' roll.
junte três ou quatro deles. não precisa saber cantar.
jante com dois no máximo. não precisa contar pros
outros. funda-se e afunda-se no mesmo outono.
a seguinte questão eu faço: sabe nadar?
porque na próxima pergunta eu desço".

*

a profissão mais antiga

disseram que a poetisa não sabia tocar
que tinha só três acordes em sua guitarra

"o que ela faz não é música
não deveria tocar no rádio!"
"e eu que aprendi violão clássico?
até meu cachorro toca melhor!"

reuniram-se em praça pública
para decidir o modo de cocção da poetisa
pois apenas matá-la não traria paz
aos bons músicos do país

"por mim, podem grelhar
mas frita também é bom!"
"cozida longamente, nham nham!
sem folhas de louro: por favor!"

"e o coração deixem pra mim
... se é que ela tem um!"

CANÇÕES DE ATORMENTAR

*performance apresentada pela primeira vez
no dia 7 de abril de 2017, durante o evento
zapoeta, organizado por joca reiners terron
no estúdio fita crepe, em são paulo.*
angélica freitas: voz e guitarra
juliana perdigão: voz, clarinete e guitarra

quem vai para o mar terá medo
que o seu navio se espatife num rochedo
quem é do mar e vai para a terra
sabe que no final se ferra
à sua cauda não se aferra
nem na grécia, nem na inglaterra

é inventado ou verdadeiro
que a sereia cantou pro marinheiro
ele pôs cera no ouvido
ou se atou ao mastro feito um bom marido
domador dos mares e da libido
ninguém no mundo mais desenvolvido

qual terá sido o maior peixe
que já caiu na sua rede
meio mulher, meio pescado
o maior troféu já conquistado
ele sabe que nunca vai estar errado
e a sereia é um bicho desgraçado

mesmo que a deseje morta e descamada:
o marinheiro tem medo da sereia

*

quem não pode ser marinheiro
por força das circunstâncias

quem não pode viajar o mundo
dentro de embarcações

deve imediatamente
contemplar a ideia
de virar sereia

*

virar sereia
sem rabo de peixe
os dois pés na areia
cantando minhas canções
de atormentar

o ouvido de quem só quer
o butim dos marinheiros
barras de ouro
mármores e estátuas
moedas fora de circulação

mil vezes destruir tímpanos
e vidraças
mil vezes afundar navios
e suas cargas preciosas

*

canções de atormentar
atormentar, atormentar

não tem para onde fugir
e você não consegue
tapar os ouvidos
com os cotovelos

canções de arrepiar os pelos
de me fazer odiar

canções de atormentar
atormentar, atormentar

*

toma aqui um espelho pra você se ver
você é tão bonita
um colar de contas pra você usar
você é tão bonita

você canta tão bem, você deveria cantar
profissionalmente
tenho uns amigos, vou te apresentar
você é tão bonita

há um repertório que você vai adorar
profissionalmente

uns lugares bacanas aonde vou te levar
você é tão bonita

cheiro de peixe não nos apetece, meu amor
incidentalmente
você vai ter que cobrir esse rabo, sim, senhora
você é tão bonita

fama, fortuna e todo o meu apoio
profissionalmente

*

ah, se eu fosse uma sereia
teria mais o que fazer
do que ficar cantando pra eles
do que tentar seduzi-los

nem assoviaria, não
ao ver caravelas passar
em seu mar plano, seu mundo quadrado
no máximo um espirro, no máximo um bocejo

lá vão eles, atarefados
pilhando tudo, matando todos
a serviço do rei, do estômago
a serviço do sr. pinto

nem assoviaria, não
ao ver caravelas passar

em seu mar plano, seu mundo quadrado
no máximo um espirro, no máximo um bocejo

*

os filhos dos marinheiros
que temiam os monstros marinhos
vão bem, obrigados
todos engravatados

têm automóveis, jatos
têm helicópteros
queimam combustíveis
fazem todas as porcarias possíveis

mandam no país
mandam no teu nariz
e nunca tiram férias
de nos impor misérias

com a graça de netuno ou não
todos eles aí estão
os filhos, os netos, os bisnetos
dos marinheiros

nota e agradecimentos

Versões de poemas deste livro já apareceram em algumas revistas e livros, a cujos(as) editores(as) agradecemos a publicação: "eu sou a garota mais doce ao sul do equador" (Revista *Modo de Usar*, nº 2, 2009), "louisa, por que não me googlas?" (em tradução de Odile Kennel, *Transversalia*, Verlagshaus Berlim, Alemanha, 2011), "a proteção dos feios" (*Suplemento Pernambuco*, nº 103, setembro de 2014), "a sônia" (Revista *Zum*, setembro de 2015), "micro-ondas" (em tradução de Tiffany Higgins, *Poetry*, janeiro de 2016, EUA), "algum café em rosário" (*Suplemento Pernambuco*, nº 123, maio de 2016), "ana c." (*Folha de S.Paulo*, 27 de junho de 2016), "porto alegre, 2016" (*50 poemas de revolta*, Companhia das Letras, 2017), "madagascar" (Revista *Abrigo Portátil*, nº 2, 2016), "canções de atormentar" (*piauí*, abril de 2018), "um excelente negócio", "equestre", "hora mágica", "as roupas vêm da ásia" e "rômulo fróes toma uma decisão" (Revista *Helena*, nº 8, outono de 2018).

A autora agradece a Alice Sant'Anna, Camile Sproesser, Heloisa Jahn, Fabrício Corsaletti, Juliana Perdigão e Ricardo Domeneck, por sua leitura e comentários, e à Jean-Jacques Rousseau Stiftung (Akademie Schloss Solitude) e à Embaixada do Brasil na

Índia pela bolsa e residência que permitiram a escrita de alguns poemas aqui publicados.

Este livro é para a Juliana.

1ª EDIÇÃO [2020] 2 reimpressões

ESTA OBRA FOI COMPOSTA PELO ACQUA ESTÚDIO EM MERIDIEN E IMPRESSA PELA LIS GRÁFICA EM OFSETE SOBRE PAPEL PÓLEN BOLD DA SUZANO S.A. PARA A EDITORA SCHWARCZ EM JULHO DE 2025

A marca FSC® é a garantia de que a madeira utilizada na fabricação do papel deste livro provém de florestas que foram gerenciadas de maneira ambientalmente correta, socialmente justa e economicamente viável, além de outras fontes de origem controlada.